SABER COCINAR

Platos 10 en 10 minutos

Sergio Fernández • Mariló Montero

SABER COCINAR

Platos 10 en 10 minutos

la mañana 1

temas'de hoy.

ESPASA

tve

Ediciones Temas de Hoy es un sello editorial de Ediciones Planeta Madrid, S. A.

Diseño de interiores: Rudesindo de la Fuente
Fotografía de cubierta: Nines Mínguez
Fotografías de interior: Marcos Rosende
Colaboración en la realización de los platos: Esther Arribas Mesa
Nuestro agradecimiento al Centro Los Almendros por la cesión de sus instalaciones

Depósito Legal: B. 23.994-2012
ISBN: 978-84-670-0897-5

Impreso en España/Printed in Spain
Impresión: Unigraf, S. L.

El papel utilizado para la impresión de este libro es cien por cien libre de cloro y está calificado como papel ecológico.

Espasa Libros, S. L. U.
Avda. Diagonal, 662-664
08034 Barcelona
www.espasa.com

Ediciones Planeta Madrid, S. A.
Paseo de Recoletos, 4
28001 Madrid
www.temasdehoy.es

www.planetadelibros.com

Vosotros sois la sal de la tierra.

Jesús de Nazaret

11 *Prólogo. Cocinar en 10 minutos*

16 **SOPAS Y CREMAS**
38 **ENSALADAS**
60 **PASTAS Y ARROCES**
82 **LEGUMBRES**
104 **PESCADOS**
126 **HUEVOS**
148 **CARNES**
170 **POSTRES**
192 **CONSEJOS Y TRUCOS**

209 *Índice alfabético de recetas*

PRÓLOGO

Cocinar en 10 minutos

Tienes en tus manos la solución para tu problema. Créeme cuando te digo esto, porque aunque pueda parecerte pretencioso —nada más lejos de mi intención—, si sigues las recomendaciones de este libro que hemos titulado *Saber cocinar platos 10 en 10 minutos,* lograrás comer bien y de forma saludable en poco tiempo.

Voy a tratar de ser más explícita, porque teníamos muy claro el objetivo que nos marcamos cuando empezamos a idear este nuevo proyecto. Había que hacer un libro de cocina para aquellas personas que no disponen de mucho tiempo para guisar, con recetas sencillas, pero sanas y, por supuesto, sabrosas.

Estamos en época de crisis, por lo que no olvidamos que los alimentos que se han elegido en las recetas que contiene esta obra son productos que puedes encontrar en la tienda de tu barrio. Ya sabes que huimos de aquellos ingredientes difíciles de conseguir que impiden llevar a cabo las recetas. Así que Sergio Fernández se puso manos a la obra y estructuró el libro en varias partes para conseguir ese objetivo.

La idea de *Saber cocinar platos 10 en 10 minutos* nació, una vez más, de nuestros mañaneros. Cuando muchos de ellos nos llaman por teléfono a nuestro programa de TVE, *La mañana de La 1,* nos dicen que nunca antes habían cocinado. Los motivos son muy variados, pero hay uno que coincide siempre: la falta de tiempo. La mayoría de ellos —nos cuentan— es porque regresan del trabajo cansados y ya no les apetece meterse en la cocina para elaborar ningún plato. Así que las soluciones para aplacar el hambre resultan ingeniosas. Unos se van a comer a casa de sus padres, otros les piden a sus madres que les lleve la comida en un *tupper* y los menos se rinden a comer en un bar alguna tapa para engañar al estómago. Al final, te das cuenta de que todo son apaños insostenibles por mucho tiempo. No puedes tener a mamá haciéndote la comida cuando ya has cumplido treinta años, ni desde luego cuando has decidido ser independiente.

Me sigue produciendo auténtica admiración el hecho de que haya muchas personas que, después de haber madrugado para dejar la casa recogida y preparar a los niños para dejarlos en el colegio, van al trabajo, de donde salen a toda prisa para recoger a los pequeños y darles de comer al llegar de regreso a casa. Muchos de estos padres y madres cocinan por la noche, no sin antes haber hecho los deberes con los críos, haberles dado de cenar y haberles bañado. Después de hablar con ellos un ratito en la cama y leerles el cuento, van a la cocina y se ponen a preparar la comida del día siguiente.

Te aseguro que esto me conmueve y que con este libro te podemos ayudar a rentabilizar el poco tiempo del que dispones para invertirlo en algo más placentero. Pero quizá no tengas niños y cuando llegas a casa muerto de cansancio y con las tripas crujiendo, abres la nevera soñando con encontrarte la comida hecha por un divino milagro. Derrotado, sucumbes a tomar un par de lonchas de jamón de York, a lo mejor un huevo frito o una tortilla francesa y si te entra el remordimiento de que no estás comiendo todas las vitaminas necesarias para seguir tirando de tu cuerpo, te haces una simple ensalada con un tomate troceado.

Amigo, amiga, ese problema lo tendrás solventado con este libro. ¿Por qué? Porque Sergio ha diseñado un «fondo de despensa». Sí, como si fuera un fondo de armario del que siempre hablan en el sector textil. Hay prendas imprescindibles que te sacan del apuro para ir a una reunión de trabajo formal o a una cena de última hora. Pues eso precisamente ha hecho Sergio. Ha diseñado tu fondo de despensa donde podrás organizar los productos básicos que debes tener para cocinar. Ten en cuenta que lo primero que nos preguntamos cuando vamos a guisar es: ¿qué puedo hacer hoy para comer? Pues Sergio ha pensado y ha organizado los menús. Ha seleccionado los alimentos más ricos pero, no te lo pierdas: ¡ha estudiado aquellos que se cocinan en un breve espacio de tiempo! Cosa fundamental para poder hacer la comida en ¡10 MINUTOS!

Ojo, también ha investigado las técnicas culinarias más rápidas, pero que cuidan al máximo los alimentos preservando su sabor, color y aroma. Y espera que no he terminado. En este nuevo libro hay más trucos de Sergio y consejos como, por ejemplo, evitar que los insectos se adueñen de una despensa poco visitada o saber congelar sin que se convierta la comida en un delicioso bocado para el Yeti.

Decía —que me pierdo por los polos— sin olvidar LOS POSTRES. Amigo, amiga, podrás hacer postres en 10 minutos. ¿Cómo te suenan unos buñuelos de manzana y plátano? ¿En 10 minutos?, pensarás y dudarás. Pues, créeme, en tan solo ese tiempo cocinarás los buñuelos o una sopa de calabaza al tomillo, con unos huevos escalfados al cabrales o una trucha rellena de cecina o una hamburguesa de ternera y frutos secos y alioli.

Amigo, amiga, lo digo siempre: Sergio es un fenómeno y gracias a él podrás saber cocinar en 10 minutos. Palabra de

Mariló Montero

LEYENDA PARA EL RECETARIO

Tiempo

Raciones

Transporte

Dificultad

Sopa fría de melón
y menta
18

Ajoblanco con uvas
20

Gazpacho verde
de cilantro y perejil
22

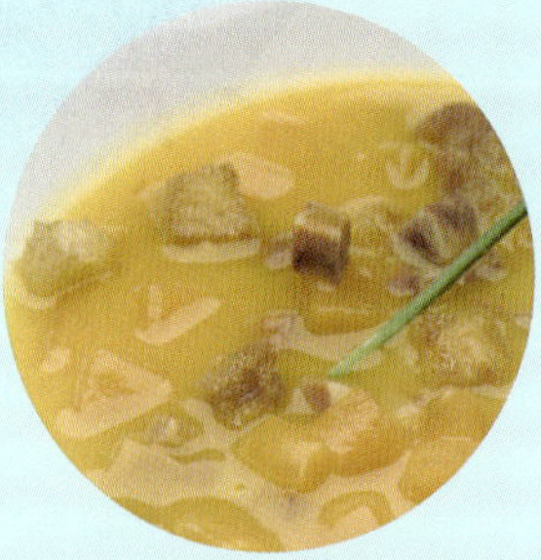

Sopa de calabaza
al tomillo
24

Sopa juliana con gambas
26

Crema de champiñón
y perejil
28

Sopa de chipirones
y gambones
30

Crema de espinacas
y queso manchego
32

Suave de patata confitada
con pulpo
34

Crema fría de tomate
y albahaca
36

10
SOPAS Y CREMAS

SOPA FRÍA DE MELÓN Y MENTA

7 min

3

sí

INGREDIENTES

½ melón cantalupo mediano
4 lonchas de jamón serrano
1 rama de menta
50 ml de nata
Pimienta
50 ml de aceite de oliva
Sal

ELABORACIÓN

Pelar y trocear el melón, retirando previamente las pepitas.

Lavar las hojas de menta.

Disponer las lonchas de jamón en un plato y meterlo al microondas a potencia media, durante unos 2 minutos, aproximadamente. Deberá quedar crujiente.

Triturar en la jarra batidora el melón junto con el aceite, la nata, una pizca de sal, la pimienta y las hojas de menta.

Colar y dejar enfriar.

PRESENTACIÓN

Servir la sopa de melón en una copa o plato hondo y decorar con el jamón deshidratado.

AJOBLANCO CON UVAS

8 min

3

sí

INGREDIENTES

200 g de almendras crudas
80 g de miga de pan
120 ml de agua
50 g de uvas tintas
Cebollino
Vinagre
1 diente de ajo
150 ml de aceite de oliva
Sal

ELABORACIÓN

Humedecer la miga de pan en unas gotas de vinagre y el agua.

Añadir al pan las almendras crudas, el diente de ajo pelado, una pizca de sal, un chorrito de vinagre y el aceite de oliva.

Triturar todo durante un par de minutos hasta obtener una sopa blanca y espesa. El punto de espesor se conseguirá añadiendo más miga de pan o agregando más agua si deseamos que quede más líquida.

Dejar enfriar.

PRESENTACIÓN

Servir en copa o en plato hondo y decorar con las uvas troceadas y el cebollino.

GAZPACHO VERDE DE CILANTRO Y PEREJIL

9 min

3

sí

INGREDIENTES

3 pepinos
1 pimiento verde
4 hojas de cilantro
1 ramillete de perejil
50 g de miga de pan
150 ml de agua
Cominos
Vinagre
½ diente de ajo
100 ml de aceite
Sal

ELABORACIÓN

Pelar los pepinos y trocearlos junto con el pimiento verde lavado.

Poner ambas verduras en el vaso de la batidora junto con el perejil, el cilantro, el ajo, el agua, la miga de pan, los cominos, el aceite, el vinagre y la sal.

Triturar todo hasta obtener una salsa verde.

Rectificar el punto de sazón si fuera necesario y colar.

PRESENTACIÓN

Servir muy frío en una copa o en platos hondos.

SOPA DE CALABAZA AL TOMILLO

10 min

3

sí

INGREDIENTES

200 g de calabaza
50 g de chorizo
50 g de jamón serrano
50 g de pan duro
1 l de caldo de ave
4 dientes de ajo
Pimentón
Tomillo
Aceite de oliva
Sal

ELABORACIÓN

Picar finamente el ajo y sofreírlo junto con la calabaza y el chorizo.

Añadir el jamón serrano troceado y el tomillo y mantenerlo durante dos minutos más a fuego medio.

Incorporar el pan desmigado, el pimentón y el caldo.

Dar un hervor y comprobar del punto de sal.

PRESENTACIÓN

Servir muy caliente en plato hondo.

SOPA JULIANA CON GAMBAS

10 min

3

sí

INGREDIENTES

150 g de acelgas
200 g de gambas peladas
20 g de mantequilla
1 l de caldo de verdura
1 rama de apio
2 zanahorias
1 patata
1 nabo
Sal

ELABORACIÓN

Lavar y cortar las verduras en tiras muy finas.

Rehogarlas junto con la mantequilla durante 4 minutos a fuego medio.

Añadir el caldo hirviendo y dar un hervor durante 3 minutos a fuego fuerte.

Agregar las gambas peladas y cocer todo durante 30 segundos más y sazonar.

PRESENTACIÓN

Servir muy caliente en plato hondo.

CREMA DE CHAMPIÑÓN Y PEREJIL

10 min

3/4

sí

INGREDIENTES

400 g de champiñones
20 g de picatostes
2 cucharadas de harina
2 vasos de leche
2 vasos de caldo
de cocer los champiñones
1 limón
Pimienta
Perejil
Aceite de oliva
Sal

ELABORACIÓN

Limpiar los champiñones y trocearlos en cuartos. Hervirlos durante 4 minutos a fuego fuerte con el agua, la sal y el zumo del limón.

Rehogar en aceite las 2 cucharadas de harina, regar con los vasos de leche y añadir los 2 vasos de caldo de la cocción de los champiñones.

Remover con la varilla a fuego medio hasta que espese.

Incorporar los champiñones, algo de sal y un poco de pimienta. Triturarlo todo bien hasta obtener una crema suave.

PRESENTACIÓN

Servir la crema caliente y decorar con los picatostes y un picadillo de perejil.

SOPA DE CHIPIRONES Y GAMBONES

10 min

3/4

sí

INGREDIENTES

1 zanahoria
1 cebolla
8 gambones
1 l de fumet
40 g de fideos
4 chipirones
6 dientes de ajo
Perejil
Aceite de oliva
Sal

ELABORACIÓN

Picar finamente los ajos, la cebolla y la zanahoria. Sofreírlo todo en un recipiente con algo de aceite.

Añadir el fumet y el perejil troceado. Cocerlo a fuego fuerte durante 4 minutos.

Mientras se cuece la sopa, dorar vuelta y vuelta los chipirones en una plancha.

Trocear los gambones (reservando algunos para decorar) e incorporarlos junto con los fideos a la sopa. Hervir 1 minuto más y dejar reposar todo otros 2 minutos.

PRESENTACIÓN

Servir la sopa bien caliente, y decorarla con los chipirones.

CREMA DE ESPINACAS Y QUESO MANCHEGO

10 min

3

sí

INGREDIENTES

300 g de espinacas
50 g de mantequilla
50 g de harina
40 g de queso manchego
1 l de leche
4 dientes de ajo
Pimienta
Sal

ELABORACIÓN

Sofreír los ajos picados en la mantequilla. Cuando empiecen a dorarse, añadir las espinacas lavadas y troceadas en crudo. Mantenerlas a fuego medio durante 1 minuto.

Añadir la harina y rehogar durante 30 segundos.

Regar con la leche y, sin dejar de remover, dejar que espese.

Triturar todo y salpimentar.

PRESENTACIÓN

Servir la crema de espinacas caliente en un plato hondo con el queso manchego rallado por encima.

SUAVE DE PATATA CONFITADA CON PULPO

10 min

3/4

sí

INGREDIENTES

200 g de pulpo cocido
4 patatas
½ cebolla
1 vaso de nata
Pimentón
Aceite de oliva
Sal

ELABORACIÓN

Pelar las patatas y la cebolla, y cortar ambas en láminas muy finas. Pocharlo en abundante aceite durante 6 minutos a fuego medio.

Una vez tiernas, escurrir y triturar todo con la nata.

Sazonar con sal.

PRESENTACIÓN

Servir la crema de patata muy caliente en plato hondo y decorar con el pimentón y el pulpo cocido.

CREMA FRÍA DE TOMATE Y ALBAHACA

9 min

3

sí

INGREDIENTES

Media barra de pan
8 tomates maduros
1 rama de albahaca fresca
1 diente de ajo
Unas gotas de vinagre
Pimienta
50 ml de aceite de oliva
Sal

ELABORACIÓN

Pelar los tomates y trocearlos. Triturarlos junto al ajo, la albahaca, el aceite, el vinagre, la pimienta y la sal.

Comprobar el punto de sal y dejar enfriar todo.

Cortar láminas muy finas de pan. Tostarlo en el horno con el grill a máxima potencia durante 2 minutos.

PRESENTACIÓN

Servir la crema de tomate. Opcionalmente se podrá acompañar con la tosta de pan.

Ensalada de tres quesos al romero
40

Ensalada templada de ave, piña y salsa rosa
42

Ensalada de pasta fresca con langostinos
44

Endibias al cabrales con miel
46

Cogollitos con salsa de pimiento morrón
48

Ensalada de canónigos y vinagreta de frambuesa
50

Ensalada de apio y manzana
52

Ensalada de atún con pimientos al ajillo
54

Tomates raf con paté de aceitunas
56

Melocotones rellenos al atún
58

10 ENSALADAS

ENSALADA DE TRES QUESOS AL ROMERO

7 min

3/4

sí

INGREDIENTES

150 g de queso cheddar
150 g de queso emmental
100 g de queso parmesano
50 g de nueces peladas
2 manzanas Golden
1 rama de romero
Aceite de oliva
Sal

ELABORACIÓN

Trocear los quesos en dados o en lascas finas.

Pelar las manzanas y cortarlas con la misma forma que los quesos.

Triturar el romero con la sal junto al aceite.

PRESENTACIÓN

Presentar la ensalada combinando los quesos, las manzanas y las nueces peladas, y regar con el aceite de romero.

ENSALADA TEMPLADA DE AVE, PIÑA Y SALSA ROSA

10 min

3

sí

INGREDIENTES

300 g de piña natural
1 bolsa de rúcula
4 filetes de pollo
4 cucharada de mahonesa
1 cucharada de kétchup
4 dientes de ajo
½ naranja
Pimienta molida
Aceite de oliva
Sal

ELABORACIÓN

Lavar la rúcula y escurrirla.

Pelar y trocear la piña en dados pequeños.

Sofreír los ajos, incorporar el pollo troceado y saltear durante unos minutos.

Para obtener la salsa rosa, mezclar la mahonesa, con el kétchup, la pimienta y el zumo de naranja.

PRESENTACIÓN

Poner la rúcula en un plato llano, añadir el pollo caliente y la piña sobre ella e incorporar la salsa rosa.

ENSALADA DE PASTA FRESCA CON LANGOSTINOS

8 min

4

sí

INGREDIENTES

150 g de espaguetis (pasta fresca)
200 g de langostinos cocidos
50 g de aceitunas negras sin hueso
8 tomates cherry
1 ramillete de menta
Vinagre
Pimienta
Aceite de oliva
Sal

ELABORACIÓN

Hervir la pasta en agua con sal durante 2 minutos, aproximadamente.

Mientras, trocear las aceitunas sin hueso y los tomates cherry en cuartos, y pelar los langostinos.

Triturar en la jarra batidora el aceite, la menta, la pimienta, el vinagre y la sal.

Refrescar la pasta y escurrir.

Dejarla enfriar.

PRESENTACIÓN

Servir la pasta, decorada con las aceitunas, los langostinos y los tomates cherry.

Salsear con la vinagreta de menta.

ENDIBIAS AL CABRALES CON MIEL

6 min

4

sí

INGREDIENTES

100 g de queso de cabrales
4 endibias
1 vaso de nata
1 cucharada de miel
1 racimo de uvas
Pimienta

ELABORACIÓN

Deshojar las endibias y lavarlas con agua fría.

Trocear el queso y triturarlo con la nata y una pizca de pimienta.

PRESENTACIÓN

Repartir las endibias en un plato y poner en el centro las uvas.

Rellenar las endibias con la crema de cabrales y salsear con la miel.

COGOLLITOS CON SALSA DE PIMIENTO MORRÓN

6 min

4

sí

INGREDIENTES

8 cogollitos
1 pimiento morrón
50 g de queso de untar
1 lata de anchoas
1 bote de remolacha
2 ajos encurtidos
Pimienta molida
Aceite de oliva
Sal

ELABORACIÓN

Limpiar y cortar los cogollitos en cuartos.

Triturar el pimiento morrón, los dientes de ajo, el queso, el aceite de oliva, una pizca de sal y la pimienta hasta obtener una salsa homogénea.

PRESENTACIÓN

Montar la ensalada con los cogollitos y las anchoas en un plato grande. Disponer en el centro la remolacha, salsear y servir.

ENSALADA DE CANÓNIGOS Y VINAGRETA DE FRAMBUESA

7 min

3

sí

INGREDIENTES

1 bolsa de canónigos
150 g de queso de cabra
50 g de frambuesas
20 g de azúcar
50 g de nueces peladas
Vinagre
Aceite de oliva
Sal

ELABORACIÓN

Cortar el queso de cabra en discos, espolvorear el azúcar por encima y caramelizarlos en la plancha o con un soplete.

Lavar los canónigos y escurrirlos.

Triturar parte de las frambuesas con aceite, vinagre y sal.

PRESENTACIÓN

Montar la ensalada con los canónigos, las frambuesas, el queso y las nueces.

Salsear con la vinagreta de frambuesas y servir.

ENSALADA DE APIO Y MANZANA

7 min

3/4

sí

INGREDIENTES

3 manzanas Granny Smith
4 ramas de apio
4 naranjas
50 g de almendras troceadas
2 yogures
Cebollino
Pimienta molida
2 cucharadas de aceite de oliva
Sal

ELABORACIÓN

Pelar perfectamente los tallos y las ramas de apio, retirando la parte más fibrosa.

Pelar y cortar las manzanas en dados pequeños.

Pelar las naranjas y cortar en gajos.

Triturar los yogures junto con la sal, la pimienta y el aceite.

PRESENTACIÓN

Colocar la ensalada repartiendo el apio, la manzana, la naranja y las almendras.

Salsear con la salsa de yogur. Espolvorear con cebollllino picado.

ENSALADA DE ATÚN CON PIMIENTOS AL AJILLO

9 min

3

sí

INGREDIENTES

200 g de atún en conserva en aceite de oliva
1 aguacate
3 pimientos rojos asados
50 g de aceitunas negras
½ vaso de vino blanco
6 dientes de ajo
Perejil
Aceite de oliva
Sal

ELABORACIÓN

Pelar los pimientos y cortarlos en tiras finas.

Trocear los ajos y sofreírlos. Cuando tomen color, añadir los pimientos y saltear todo durante unos minutos.

Regar con el vino y añadir el perejil picado.

Pelar y trocear el aguacate.

PRESENTACIÓN

Servir el atún desmigado con el aguacate y el sofrito en un plato llano.

Decorar con las aceitunas.

TOMATES RAF CON PATÉ DE ACEITUNAS

8 min

3

sí

ELABORACIÓN

Lavar los tomates raf y cortarlos en láminas muy finas.

Triturar las aceitunas con el ajo, algo de aceite, sal, pimienta y ralladura de la piel de la naranja.

Cortar la naranja en gajos.

INGREDIENTES

50 g de aceitunas negras sin hueso
12 boquerones en vinagre
4 tomates raf
1 naranja
1 diente de ajo
Pimienta
Aceite de oliva
Sal

PRESENTACIÓN

Disponer las lonchas de tomate en una ensaladera o plato amplio. Repartir los gajos de naranja y los boquerones, y en el centro poner el paté de aceitunas.

Regar con aceite y servir.

MELOCOTONES RELLENOS AL ATÚN

6 min

4

sí

INGREDIENTES

4 mitades de melocotón en almíbar
3 latas de atún en aceite de oliva
2 dientes de ajo encurtidos
4 cucharadas de mahonesa
10 alcaparras
Pimienta
Sal

ELABORACIÓN

Picar finamente el atún sin el aceite de la conserva.

Trocear también finamente las alcaparras y los ajos encurtidos.

Mezclar el atún con la mahonesa, las alcaparras y los ajos.

Salpimentar y rellenar las medias mitades de melocotón con la mezcla de atún.

PRESENTACIÓN

Servir frío como entrante o guarnición.

Tallarines *frutti di mare*
62

Raviolis rellenos
de jamón y queso con
salsa de pimientos
64

Nidos a la crema
de queso
66

Espaguetis del hortelano
68

Fideos de arroz
con salsa de soja
70

Ñoquis al ajillo
con jamón
72

Macarrones con berenjenas
y parmesano
74

Arroz salteado
en pepitoria
76

Empanadillas de arroz
con pavo
78

Arroz salvaje con frutos
secos al oporto
80

10
PASTAS Y ARROCES

TALLARINES *FRUTTI DI MARE*

9 min

4

sí

INGREDIENTES

200 g de tallarines (pasta fresca)
200 g de gambones pelados
150 g de almejas
150 g de gambas peladas
1 vaso de nata
1 cebolla
2 cayenas
Orégano
Aceite de oliva
Sal

ELABORACIÓN

Cocer los tallarines en agua hirviendo con sal durante 2 minutos, aproximadamente. Cuando estén cocidos, escurrirlos y refrescarlos.

Poner las almejas en agua con sal para que se limpien de arena.

Sofreír la cebolla picada finamente con la cayena.

Incorporar al sofrito los gambones, las gambas peladas y troceadas y las almejas limpias.

Mezclar los tallarines con el sofrito, sazonar con sal y aromatizar con orégano.

Regar con el vaso de nata y dar un hervor durante 1 minuto.

PRESENTACIÓN

Servir bien caliente.

RAVIOLIS RELLENOS DE JAMÓN Y QUESO CON SALSA DE PIMIENTOS

9 min

4

sí

INGREDIENTES

200 g de raviolis rellenos de jamón y queso
3 dientes de ajo
2 pimientos rojos asados
1 puerro
½ vaso de nata
Albahaca fresca
Pimienta
Aceite de oliva
Sal

ELABORACIÓN

Echar los raviolis en agua hirviendo con sal, y dejar cocer durante 2 minutos.

Cuando estén cocidos, escurrirlos y refrescarlos.

Picar finamente los ajos y dorarlos en una sartén con algo de aceite.

Limpiar y lavar bien el puerro, y sofreírlo en el mismo aceite junto a los ajos durante 2 minutos a fuego medio.

Incorporar al sofrito anterior los pimientos asados cortados en tiras, la albahaca troceada y la pimienta. Saltear todo durante 1 minuto.

Regar con la nata, triturar y colar.

Juntar con la pasta y servir.

PRESENTACIÓN

Servir muy caliente con hojas de albahaca fresca.

NIDOS A LA CREMA DE QUESO

9 min

4

sí

INGREDIENTES

200 g de nidos verdes y al huevo (pasta fresca)
200 g de queso fresco para untar
180 g de gambas peladas
12 tomates cherry
4 dientes de ajo encurtidos
Pimienta molida
Pimentón
Cebollino
Aceite de oliva
Sal

ELABORACIÓN

Echar la pasta en agua hirviendo con sal durante 2 minutos si es pasta fresca, o durante 8 minutos si fuera pasta seca. Cuando los nidos estén cocidos, escurrirlos y refrescarlos.

Lavar los tomates cherry y triturarlos en la batidora junto con los ajos encurtidos, el queso de untar, algo de sal y pimienta, hasta obtener una salsa espesa y cremosa.

Saltear las gambas peladas en una sartén con aceite junto con la pasta.

PRESENTACIÓN

Servir caliente y salsear con la salsa de los tomates cherry. Decorar con cebollino picado y pimentón por encima.

ESPAGUETIS DEL HORTELANO

10 min

4

sí

INGREDIENTES

200 g de espaguetis (pasta fresca)
100 g de brócoli
100 g de calabaza
100 g de pimiento rojo
½ cebolla
Pimienta molida
Orégano
Aceite de oliva
Sal

ELABORACIÓN

Cocer los espaguetis en agua hirviendo con sal durante 2 minutos. Una vez cocidos, escurrirlos y refrescarlos.

Sofreír en una sartén con aceite la cebolla y el pimiento cortados en dados pequeños.

Incorporar al sofrito ramilletes muy pequeños de brócoli y trocitos de calabaza cortada en dados.

Saltear las verduras durante 5 minutos a fuego medio, salpimentar y aromatizar con el orégano.

Juntar con la pasta.

PRESENTACIÓN

Servir muy caliente.

FIDEOS DE ARROZ CON SALSA DE SOJA

8 min

4

sí

INGREDIENTES

200 g de fideos de arroz
200 g de langostinos pelados
3 cucharadas de salsa de soja
1 cucharada de miel
2 zanahorias
1 puerro
Aceite de oliva
Sal

ELABORACIÓN

Hidratar los fideos de arroz, sumergiéndolos durante 2 minutos en agua tibia.

Limpiar y pelar el puerro y las zanahorias y cortarlos en trozos muy pequeños.

Saltear las verduras en una sartén con el aceite y la soja.

Incorporar al sofrito anterior los langostinos pelados y troceados.

Escurrir los fideos y añadirlos al salteado.

PRESENTACIÓN

Añadir la miel por encima y servir muy caliente.

ÑOQUIS AL AJILLO CON JAMÓN

8 min

4

sí

INGREDIENTES

220 g de ñoquis de patata
100 g de jamón
1 manojo de perejil
1 hoja de laurel
4 dientes de ajo
4 tomates
Aceite de oliva
Pimienta
Sal

ELABORACIÓN

Echar los ñoquis en agua hirviendo con la hoja de laurel y sal durante 1 o 2 minutos. Una vez hervidos, escurrirlos y refrescarlos.

Picar finamente los ajos y sofreírlos junto con el jamón cortado en dados y el perejil troceado.

Incorporar los tomates pelados y cortados en dados, y mantener todo a fuego fuerte durante 3 minutos.

Mezclar con los ñoquis y salpimentar.

PRESENTACIÓN

Servir muy caliente.

MACARRONES CON BERENJENAS Y PARMESANO

10 min

4

sí

INGREDIENTES

200 g de macarrones
30 g de queso parmesano
20 g de alcaparras
1 berenjena
1 cebolla
1 rama de menta
Pimienta en grano
Laurel
Aceite de oliva
Sal

ELABORACIÓN

Echar los macarrones en abundante agua hirviendo con sal y un chorro de aceite y dejar cocer durante 7 minutos.

Una vez cocidos, escurrirlos y refrescarlos.

Pelar y trocear finamente la cebolla y la berenjena, y saltear en una sartén con algo de aceite, junto con la menta picada.

Incorporar la pasta al sofrito anterior; salpimentar y repartir por encima las alcaparras y el parmesano rallado.

PRESENTACIÓN

Servir bien caliente en un plato amplio.

ARROZ SALTEADO EN PEPITORIA

10 min

4

sí

INGREDIENTES

200 g de arroz precocinado
50 g de almendras
20 g de aceitunas negras sin hueso
1 vaso de vino blanco
6 dientes de ajo
1 hoja de laurel
1 pizca de azafrán
1 huevo duro
Perejil
Aceite de oliva
Sal

ELABORACIÓN

Pelar y picar finamente los ajos, y sofreírlos en una sartén o recipiente bajo con aceite hasta dorarlos.

Incorporar las almendras y la hoja de laurel y sofreírlo durante 1 minuto más.

Añadir el perejil picado, el azafrán molido, el vaso de vino blanco y dar un hervor durante 1 minuto.

Agregar el arroz y mezclar con la pepitoria.

PRESENTACIÓN

Servir bien caliente y adornar con el huevo duro troceado y las aceitunas.

EMPANADILLAS DE ARROZ CON PAVO

10 min

4

sí

INGREDIENTES

200 g de arroz precocinado
200 g de pechuga de pavo
50 g de guisantes
12 obleas para empanadillas
4 chalotas
1 huevo
Comino
Aceite de oliva
Sal

ELABORACIÓN

Pelar y picar finamente las chalotas y sofreírlas en una sartén con aceite durante 2 minutos.

Incorporar los guisantes, previamente cocidos, el pavo cortado en dados pequeños y los cominos. Mantener a fuego fuerte durante 2 minutos.

Añadir el arroz precocinado y saltear todo durante 1 minuto más.

Repartir el salteado en las obleas de empanadilla, pintar con huevo batido los bordes y sellarlas.

Freír las empanadillas en aceite caliente hasta que estén doradas.

PRESENTACIÓN

Servir las empanadillas calientes.

ARROZ SALVAJE CON FRUTOS SECOS AL OPORTO

10 min

4

sí

INGREDIENTES

200 g de arroz salvaje precocinado (en vasitos)
50 g de beicon
40 g de frutos secos variados
1 vaso de oporto
1 cebolla
1 puerro
Finas hierbas
Aceite de oliva
Sal

ELABORACIÓN

Pelar, limpiar y picar finamente la cebolla y el puerro. Sofreírlos en una sartén con algo de aceite hasta que hayan tomado color.

Agregar el beicon en dados y los frutos secos, y saltearlos durante 2 minutos a fuego fuerte.

Incorporar el arroz precocinado, sazonar con sal y finas hierbas. Regar con el oporto y dejar hervir durante otros 2 minutos.

PRESENTACIÓN

Servir caliente.

Brotes de soja salteados con pollo
84

Guiso de garbanzos con pulpo
86

Habas al vino blanco
88

Guisantes al ajillo con ibéricos
90

Lentejas exprés a la lionesa
92

Judías rojas con repollo
94

Judías blancas con almejas
96

Piquillos rellenos con crema de garbanzos
98

Pintas con oreja
100

Ensalada de garbanzos y bacalao ahumado
102

10

LEGUMBRES

BROTES DE SOJA SALTEADOS CON POLLO

10 min

4

sí

INGREDIENTES

400 g de brotes de soja
200 g de pollo
4 dientes de ajo
2 zanahoria
1 puerro
Curry
Perejil
Pimienta
Aceite de oliva
Sal

ELABORACIÓN

Hervir los brotes de soja durante 2 minutos con la sal. Pasado ese tiempo, escurrirlos y refrescarlos.

Sofreír las zanahorias cortada en dados pequeños junto con los ajos picados finamente. Cuando hayan tomando color, añadir el puerro cortado de igual forma.

Partir el pollo en dados pequeños y agregarlo al sofrito junto con los brotes.

Saltear todo durante 4 minutos a fuego fuerte, salpimentar e incorporar una pizca de curry y el perejil picado. Comprobar el punto de sal.

PRESENTACIÓN

Servir caliente.

GUISO DE GARBANZOS CON PULPO

9 min

4

sí

INGREDIENTES

400 g de pulpo cocido
200 g de garbanzos cocidos
200 g de gambas
1 vaso de fumet
1 cebolla
Pimentón
Orégano
Harina
Aceite de oliva
Sal

ELABORACIÓN

Escurir y secar los garbanzos y saltearlos en una sartén con aceite hasta que se doren un poco.

Añadir la cebolla cortada finamente y continuar salteando un par de minutos más.

Añadir las gambas y el pulpo, y mezclar.

Espolvorear el pimentón y la harina.

Regar con el fumet, hervir durante 2 minutos y sazonar con la sal y un toque de orégano.

PRESENTACIÓN

Servir muy caliente.

HABAS AL VINO BLANCO

10 min

4

sí

INGREDIENTES

700 g de habas baby congeladas
100 g de jamón serrano
100 g de butifarra
1 vaso de vino blanco
1 rama de menta
1 cebolla
Aceite de oliva
Sal

ELABORACIÓN

Hervir las habas en agua con sal durante 5 minutos. Pasado ese tiempo, escurrirlas y refrescarlas.

Sofreír la cebolla picada finamente. Cuando empiece a tomar color, agregar el jamón picado finamente y la butifarra en lonchas finas. Saltearlo a fuego fuerte durante 2 minutos.

Agregar las habas al sofrito, sazonar con sal, añadir un picadillo de menta y regar con el vino.

Hervir hasta evaporar todo el líquido.

PRESENTACIÓN

Servir muy caliente.

GUISANTES AL AJILLO CON IBÉRICOS

8 min

4

sí

INGREDIENTES

600 g de guisantes congelados
100 g de jamón ibérico
100 g de chorizo ibérico
6 dientes de ajo
1 rama de menta
Pimienta molida
Aceite de oliva
Sal

ELABORACIÓN

Poner los guisantes en agua hirviendo con sal, y dejar cocer durante 3 minutos.

Sofreír en una sartén los ajos picados finamente junto con la menta.

Incorporar el jamón y el chorizo cortados en dados pequeños.

Añadir los guisantes escurridos y refrescados, y salpimentar.

PRESENTACIÓN

Servir muy caliente.

LENTEJAS EXPRÉS A LA LIONESA

10 min

4

sí

INGREDIENTES

200 g de lentejas cocidas
30 g de mantequilla
2 hojas de laurel
2 clavos de olor
2 zanahorias
2 cebollas
Agua
Perejil
Sal

ELABORACIÓN

Lavar las lentejas y escurrirlas.

Rehogar a fuego medio la cebolla cortada en juliana con la mantequilla.

Agregar las zanahorias, cortadas también en juliana.

Aromatizar con el laurel, los clavos y el perejil picado.

Una vez pochado todo, añadir las lentejas con algo de agua y sazonar con sal.

Dar un hervor durante un par de minutos.

PRESENTACIÓN

Servir las lentejas calientes.

JUDÍAS ROJAS CON REPOLLO

10 min

4

sí

INGREDIENTES

200 g de judías rojas cocidas
200 g de repollo
150 g de chistorra
50 g de beicon
4 dientes de ajo
Cebollino
Agua
Aceite de oliva
Sal

ELABORACIÓN

Lavar las judías y escurrirlas.

Picar finamente los ajos y sofreírlos con la chistorra y el beicon cortado en dados durante 2 minutos a fuego fuerte.

Añadir el repollo cortado en juliana al final del sofrito.

Tapar el recipiente y mantener a fuego medio durante 5 minutos.

Agregar las judías, algo de agua, sal y el cebollino troceado.

Dejar hervir un par de minutos.

PRESENTACIÓN

Servir las judías calientes.

JUDÍAS BLANCAS CON ALMEJAS

10 min

4

sí

INGREDIENTES

200 g de judías blancas cocidas
200 g de almejas
1 vaso de vino blanco
4 dientes de ajo
2 tomates
1 cebolla
Perejil
Aceite de oliva
Sal

ELABORACIÓN

Lavar las judías y escurrirlas, y las almejas las dejaremos purgar en agua fría con sal.

Sofreír los ajos y la cebolla picados finamente.

Una vez dorados, añadir los tomates rallados y dejar rehogar durante unos minutos.

Regar con el vino y añadir el perejil picado y la sal.

Dar un hervor y mezclar con las judías y las almejas.

Continuar la cocción hasta que las almejas se hayan abierto.

PRESENTACIÓN

Servir muy caliente.

PIQUILLOS RELLENOS CON CREMA DE GARBANZOS

8 min

4

sí

INGREDIENTES

200 g de garbanzos cocidos
40 g de queso rallado
20 g de uvas pasas
12 pimientos de piquillo asados
2 cucharadas de nata líquida
Comino molido
Pimienta molida
Aceite de oliva
Sal

ELABORACIÓN

Lavar y escurrir los garbanzos. Luego, pasarlos por el pasapurés, obteniendo un puré espeso.

Aliñar el puré de garbanzos con comino, pimienta y sal. Mezclarlo con el queso y la nata.

Rellenar los piquillos con el puré obtenido. Marcarlos ligeramente por ambos lados en una plancha o en una sartén.

PRESENTACIÓN

Servir caliente, acompañado de un salteado de pasas.

PINTAS CON OREJA

810 min

4

sí

INGREDIENTES

200 g de judías pintas cocidas
150 g de oreja precocinada
2 tomates
1 cebolla
Pimentón
Tomillo
Agua
Aceite de oliva
Sal

ELABORACIÓN

Lavar las judías y escurrirlas.

Pelar y trocear la cebolla, y sofreírla en aceite con tomillo. Cuando empiece a tomar color, agregar la oreja troceada y el tomate pelado y picado.

Sofreír a fuego fuerte durante 2 minutos.

Añadir el pimentón, las judías y algo de agua. Hervir durante 2 minutos más. Sazonar con sal.

PRESENTACIÓN

Servir caliente.

ENSALADA DE GARBANZOS Y BACALAO AHUMADO

9 min

3/4

sí

INGREDIENTES

200 g de garbanzos cocidos
150 g de bacalao ahumado
100 g de aceitunas verdes
12 tomates cherry
1 manojo de cebollino
Vinagre
Pimienta
Aceite de oliva
Sal

ELABORACIÓN

Escurrir y secar los garbanzos y saltearlos en una sartén muy caliente con unas gotas de aceite. Una vez dorados, retirar y reservar.

Lavar y cortar los tomates en cuartos.

Mezclar las aceitunas, los tomates y el cebollino partido.

Juntar los garbanzos crujientes con el bacalao en lascas finas y la mezcla de aceitunas, tomates y cebollino.

Mezclar el vinagre, la sal, la pimienta. Añadir poco a poco el aceite y batir hasta emulsionar.

PRESENTACIÓN

Servir la ensalada con la salsa emulsionada al gusto.

Trucha rellena de cecina
106

Bacalao al ajoarriero
108

Salmón a la lima
y al limón
110

Tomates rellenos
de bacalao y pimientos
112

Tiras de palometa
maceradas
114

Atún en escabeche
con vinagreta
116

Matrimonios en tostas
con salmorejo
118

Sepia al ajo con mahonesa
de manzana
120

Sardinillas a la sal
con romero
122

Tempura de cazón
con calabacín salteado
124

10 PESCADOS

TRUCHA RELLENA DE CECINA

9 min

4

sí

INGREDIENTES

4 truchas pequeñas
4 lonchas de cecina
1 manojo de perejil
2 cebolletas
8 anchoas
1 limón
50 g de aceitunas verdes
Harina
Pimienta
Aceite de oliva
Sal

ELABORACIÓN

Limpiar las truchas de vísceras o bien comprarlas ya limpias. Rellenarlas con las lonchas de cecina, salpimentarlas y enharinarlas.

Freír las truchas en abundante aceite bien caliente.

Trocear las cebolletas y ponerlas en un bol junto a las anchoas y las aceitunas. Sazonar todo con sal y añadir aceite.

PRESENTACIÓN

Servir las truchas bien calientes decoradas con el limón y el perejil.

Como guarnición, acompañar con la ensalada de cebolleta.

BACALAO AL AJOARRIERO

9 min

4

sí

INGREDIENTES

4 trozos de bacalao en salazón (desalado al punto de sal)
2 pimientos rojos asados
6 dientes de ajo
1 cebolla
Cebollino
Pimentón
Vinagre
Agua
Aceite de oliva
Sal

ELABORACIÓN

Dar un hervor de 1 minuto al bacalao y desmigar, retirando piel y espinas.

Sofreír los ajos laminados. Cuando tomen color, agregar la cebolla, los pimientos cortados en juliana y un picadillo de cebollino.

Incorporar el pimentón y unas gotas de vinagre, regar con algo de agua y repartir el bacalao.

Dar un hervor de 1 minuto a todos los ingredientes y sazonar con sal si fuera necesario.

PRESENTACIÓN

Servir bien caliente.

SALMÓN A LA LIMA Y AL LIMÓN

10 min

4

sí

INGREDIENTES

4 trozos de salmón fresco
2 lonchas de jamón serrano
400 g de setas
1 lima
2 limones
3 dientes de ajo
½ vaso de vino blanco
Pimienta molida
Aceite de oliva
Sal

ELABORACIÓN

Pelar los limones y la lima.

Cortar la piel en tiras finas y sofreírlas con los ajos picados.

Colocar los trozos de salmón en una fuente o plato, regar con el vino blanco, sazonar con sal y pimienta, y añadir el sofrito anterior por encima.

Meter en el microondas durante 2 minutos a potencia media.

Dorar las setas a la plancha junto con un picadillo de jamón.

PRESENTACIÓN

Servir los trozos de salmón acompañado por las setas a la plancha.

TOMATES RELLENOS DE BACALAO Y PIMIENTOS

10 min

4

sí

INGREDIENTES

3 trozos de bacalao en salazón (desalado al punto de sal)
4 tomates maduros
2 pimientos rojos asados
1 cebolla
20 g de queso rallado
Aceite de oliva
Sal

ELABORACIÓN

Cortar una rodaja de tomate por la parte del tallo. Vaciar el interior con una cucharilla vaciadora o cucharilla de moca.

Saltear en una sartén con algo de aceite la cebolla cortada en tiras, los pimientos rojos troceados de igual manera y el bacalao desmigado.

Mantener todo durante 2 minutos a fuego fuerte y sazonar con sal.

Rellenar los tomates con este salteado, espolvorear el queso rallado por encima y hornear a 180 °C durante 5 minutos, aproximadamente.

PRESENTACIÓN

Servir bien caliente.

TIRAS DE PALOMETA MACERADAS

10 min

4

sí

INGREDIENTES

4 filetes de palometa
100 g de harina
40 g de alcaparras
2 naranjas
2 limones
1 diente de ajo
1 rama de menta
12 tomates cherry
Aceite de oliva
Sal

ELABORACIÓN

Limpiar los filetes de palometa de posibles espinas, cortarlos en tiras finas y disponer en un bol.

Triturar el ajo con la menta, el zumo de una naranja y del limón.

Regar las tiras de palometa con el triturado anterior y dejar macerar durante 5 minutos.

Pelar y cortar la naranja restante, mezclar con las alcaparras y con los tomates cherry troceados.

Escurrir las tiras de palometa del macerado, enharinarlas y freírlas en aceite caliente.

PRESENTACIÓN

Servir las tiras de palometa crujientes, acompañadas por la ensalada de naranja y alcaparras.

ATÚN EN ESCABECHE CON VINAGRETA

8 min

4

sí

INGREDIENTES

1 bote de atún en escabeche
50 g de pimiento rojo
12 panecillos
2 pepinillos
1 tomate
½ cebolleta
Vinagre
Agua
Perejil
Sal

ELABORACIÓN

Separar las lascas de atún del propio escabeche de su conserva.

Trocear finamente el pimiento, el tomate, la cebolleta y los pepinillos.

Batir enérgicamente el escabeche de la conserva con unas gotas de vinagre, la sal, el perejil picado y algo de agua hasta conseguir que emulsione.

PRESENTACIÓN

Repartir las lascas de atún sobre los panecillos abiertos y salsear con la mezcla de picadillo de verduras y la emulsión de escabeche.

MATRIMONIOS EN TOSTAS CON SALMOREJO

8 min

3

sí

INGREDIENTES

12 boquerones en vinagre
12 anchoas
30 g de pan duro
2 dientes de ajo
3 tomates
1 huevo duro
1 baguete
Vinagre
Agua
Aceite de oliva
Sal

ELABORACIÓN

Cortar la baguete en 6 lonchas finas y ponerlas en el horno a 180 °C durante unos segundos. Pasado el tiempo, sacarlas y reservar.

Triturar en la jarra batidora los tomates lavados y troceados junto con los ajos, la yema del huevo, el pan duro, un chorro de aceite, el vinagre, la sal y algo de agua.

Enfriar el salmorejo en el frigorífico.

PRESENTACIÓN

Extender el salmorejo sobre las lonchas de pan y disponer encima los matrimonios de boquerón en vinagre y anchoa.

SEPIA AL AJO CON MAHONESA DE MANZANA

9 min

4

sí

INGREDIENTES

3 sepias grandes
3 dientes de ajo
1 limón
1 huevo
½ manzana Golden
1 manojo de perejil
Vinagre
Aceite de oliva
Sal

ELABORACIÓN

Limpiar y trocear la sepia en dados medianos. Secar estos con papel de cocina y aliñarlos con un majado de ajo, perejil y unas gotas de limón, todo ello machacado a mortero.

Dejar macerar durante 2 minutos.

Mezclar en la jarra batidora el huevo fresco con la manzana troceada y cocinada previamente durante 1 minuto en el microondas a potencia media.

Una vez obtenida la salsa de huevo y manzana, agregar a chorro fino el aceite, unas gotas de vinagre y la sal. Continuar triturando hasta obtener una salsa homogénea y consistente.

Dorar la sepia en una sartén o en una plancha muy caliente.

PRESENTACIÓN

Servir la sepia dorada y salseada por la mahonesa de manzana.

SARDINILLAS A LA SAL CON ROMERO

10 min (con algo de destreza)

4

sí

INGREDIENTES

12 sardinillas
1 kg de sal gorda
2 g de romero
1 clara de huevo
4 cogollitos
2 tomates raf
Vinagre
Azúcar
Agua
Aceite de oliva virgen
Sal fina

ELABORACIÓN

Mezclar en un bol el kilo de sal gorda con el romero, la clara de huevo y algo de agua hasta conseguir una pasta moldeable y consistente.

Disponer una fina capa de sal en una bandeja de horno y sobre ella colocar las sardinas limpias con la cabeza.

Cubrir las sardinas con otra finísima capa de sal y hornear a 200 ºC con calor arriba y abajo durante 8 o 10 minutos.

Mientras se van horneando las sardinas, cortar los cogollitos en cuartos, lavarlos y mezclar con los tomates, lavados y cortados de igual forma.

Mezclar el vinagre con la sal fina y el azúcar. Batir bien y agregar poco a poco el aceite hasta que emulsione.

PRESENTACIÓN

Servir las sardinas sin la capa de sal, acompañadas con la ensalada de cogollitos y salseada con la vinagreta.

TEMPURA DE CAZÓN CON CALABACÍN SALTEADO

10 min

4

sí

INGREDIENTES

600 g de cazón
100 g de harina de arroz o de trigo
120 ml de agua fría
4 dientes de ajo
1 calabacín
Tomillo seco
Pimentón
Aceite de oliva
Sal

ELABORACIÓN

Cortar el cazón en dados de igual tamaño, sazonarlos con sal, pimentón y el tomillo seco.

Poner la harina en un bol y regar con el agua bien fría; agregar algo de sal y un chorro de aceite. Debe quedar con la densidad de la miel.

Pasar los dados de cazón por la mezcla y freírlos en aceite caliente hasta que estén dorados.

Sofreír en otra sartén los dientes de ajo picados finamente e incorporar el calabacín cortado en dados. Mantener a fuego medio durante 3 minutos.

PRESENTACIÓN

Servir el cazón caliente y guarnecer con el salteado de calabacín.

Revuelto de ajetes
y gambas cremoso
128

Tortilla ovalada
a los tres quesos
130

Tortilla a las finas hierbas
132

Huevos escalfados
al cabrales
134

Revuelto de setas
y alcachofas
136

Huevos fritos sobre
espárragos a la plancha
138

Tortilla de espinacas
y requesón
140

Huevos empanados
al tomillo
142

Pastel de zanahoria con
mahonesa de frutos secos
144

Huevos *mollets*
con espinacas y piñones
146

10
HUEVOS

REVUELTO DE AJETES Y GAMBAS CREMOSO

8 min

4

no

INGREDIENTES

6 huevos
300 g de gambas peladas
40 g de queso emmental
½ vaso de nata líquida
1 manojo de ajetes
Perejil
Pimienta molida
Aceite de oliva
Sal

ELABORACIÓN

Lavar y trocear los ajetes, retirando previamente las puntas de la parte verde y la raíz. Sofreírlos en una sartén con algo de aceite durante 3 minutos.

Añadir las gambas y saltearlas hasta que resulten semicocidas.

Cascar los huevos en un bol y agregarlos al sofrito.

Remover a fuego medio, espolvorear el perejil y salpimentar.

Cuando empiece a cuajar, echar el queso emmental rallado y la nata.

PRESENTACIÓN

Servir el revuelto cremoso y caliente.

TORTILLA OVALADA A LOS TRES QUESOS

9 min

3/4

no

✻✻

INGREDIENTES

6 huevos
30 g de queso cheddar
30 g de queso semicurado
20 g de queso azul
1 manojo de cebollino
1 pizca de levadura
Romero seco
Aceite de oliva
Sal

ELABORACIÓN

Batir los huevos y sazonarlos con la sal, el romero y el cebollino. Agregar la levadura.

Trocear los quesos en dados pequeños.

Cuajar tortillas individuales en una sartén pequeña y repartir los quesos por encima.

Enrollar las tortillas en forma ovalada.

Dejar a fuego lento hasta que estén doradas por fuera y cuajadas en el interior.

PRESENTACIÓN

Servir muy caliente.

TORTILLA A LAS FINAS HIERBAS

8 min

3

no

INGREDIENTES

7 huevos
2 g de finas hierbas
1 g de orégano
2 cucharadas de nata
4 tomates
Pimienta
Aceite de oliva
Sal

ELABORACIÓN

Batir los huevos y echar en ellos las finas hierbas, la nata, la sal y la pimienta.

Cuajar tortillas ovaladas individuales.

Lavar los tomates y cortarlos en lonchas de 1 cm. Sazonarlos con sal y orégano.

Dorar los tomates en la plancha durante 1 minuto por cada lado.

PRESENTACIÓN

Servir las tortillas calientes guarnecidas con los tomates a la plancha.

HUEVOS ESCALFADOS AL CABRALES

10 min

4

no

INGREDIENTES

8 huevos
40 g de queso cabrales
30 g de mantequilla
8 rebanadas de pan
2 vasos de leche
1 cucharada de harina
Tomillo
Vinagre
Sal

ELABORACIÓN

Cascar los huevos. Escalfarlos en un recipiente con agua a punto de hervir, con sal y vinagre.

Mantener los huevos sumergidos y a fuego medio durante 3 minutos.

Rehogar la harina con mantequilla fundida, añadir la leche y el queso. Remover con una varilla y dejar espesar. Sazonar con sal.

Tostar las rebanadas de pan en el horno durante 2 minutos.

Una vez cuajados los huevos, sumergirlos en agua fría para suavizar el sabor del vinagre y escurrirlos.

PRESENTACIÓN

Montar sobre las rebanadas de pan, salsear y servir.

REVUELTO DE SETAS Y ALCACHOFAS

9 min

3/4

no

INGREDIENTES

7 huevos
250 g de setas variadas
1 bote de corazones de alcachofas
4 dientes de ajo
Pimentón dulce
Pimienta molida
Aceite de oliva
Sal

ELABORACIÓN

Trocear los ajos y sofreírlos en una sartén con algo de aceite. Cuando tomen color, agregar las setas troceadas y limpias.

Escurrir las alcachofas y cortarlas en cuartos. Saltearlas junto con el sofrito de ajos y setas.

Espolvorear el pimentón y añadir los huevos ligeramente batidos. Remover hasta que estén semicuajados. Salpimentar.

PRESENTACIÓN

Servir el revuelto recién hecho.

HUEVOS FRITOS SOBRE ESPÁRRAGOS A LA PLANCHA

9 min

4

no

INGREDIENTES

4 huevos
4 lonchas de jamón serrano
2 dientes de ajo
1 manojo de espárragos
Vinagre
Aceite de oliva
Sal gorda

ELABORACIÓN

Lavar y pelar los tallos de los espárragos, y marcarlos en una plancha o en una sartén hasta que se doren.

Sofreír los dientes de ajo enteros con aceite, y en este mismo aceite aromatizado freír los huevos.

Retirar los huevos y dorar las lonchas de jamón.

Una vez doradas las lonchas de jamón, retirar y regar el aceite con unas gotas de vinagre.

PRESENTACIÓN

Presentar los espárragos con el huevo por encima y a un lado el jamón. Salsear con el aceite y el vinagre y sazonar con sal gorda.

Servir caliente.

TORTILLA DE ESPINACAS Y REQUESÓN

10 min

3/4

no

INGREDIENTES

7 huevos
400 g de calabaza
200 g de espinacas
100 g de requesón
6 dientes de ajo
Nuez moscada
Aceite de oliva
Sal

ELABORACIÓN

Hervir durante 2 minutos las espinacas. Escurrirlas y trocearlas.

Batir los huevos con la sal, la nuez moscada, las espinacas y el requesón, ambos troceados.

Cuajar y formar tortillas individuales o una grande.

Pelar la calabaza y, con la ayuda de una cucharilla sacabocados, hacer bolitas.

Saltear las bolitas de calabaza con los ajos picados durante 5 minutos a fuego fuerte.

PRESENTACIÓN

Servir las tortillas acompañadas por las bolitas de calabaza.

HUEVOS EMPANADOS AL TOMILLO

10 min

4

sí

INGREDIENTES

4 huevos duros
1 huevo fresco
300 g de gambas
2 pimientos rojos asados
4 dientes de ajo
Pan rallado
Tomillo
Aceite de oliva
Sal

ELABORACIÓN

Cortar los pimientos en tiras y sofreír los ajos picados. Cuando se empiecen a dorar, añadir los pimientos y las gambas peladas. Mantener a fuego fuerte durante 2 minutos.

Cortar los huevos duros en cuartos o en rodajas.

Batir el huevo fresco. Pasar los cocidos primero por el huevo y luego por el pan rallado con tomillo. Freírlos en aceite caliente.

PRESENTACIÓN

Servir los huevos empanados acompañados del salteado de pimientos.

PASTEL DE ZANAHORIA CON MAHONESA DE FRUTOS SECOS

10 min

4

sí

INGREDIENTES

5 huevos
30 g de frutos secos variados
6 cucharadas de mahonesa
3 zanahorias
1 vaso de nata
Pimienta molida
Aceite de oliva
Sal

ELABORACIÓN

Pelar y trocear las zanahorias. Pocharlas durante 3 minutos en una sartén con algo de aceite.

Batir los huevos con la nata, la sal y la pimienta.

Mezclar el sofrito de las zanahorias con los huevos y rellenar moldes individuales, tipo flan. Ponerlos en el microondas a potencia media durante 3 minutos.

Trocear los frutos secos y juntarlos con la mahonesa.

Dejar que el pastel se atempere unos minutos y desmoldarlo.

PRESENTACIÓN

Servir en un plato con la mahonesa de frutos secos.

HUEVOS *MOLLETS* CON ESPINACAS Y PIÑONES

9 min

4

no

INGREDIENTES

4 huevos
600 g de espinacas
50 g de beicon
25 g de piñones
4 dientes de ajo
Vinagre
Aceite de oliva
Sal

ELABORACIÓN

Cocer los huevos desde agua fría con algo de sal y vinagre durante 5 minutos. Debe quedar la clara cuajada y la yema semicuajada.

Aparte, sofreír los ajos con los piñones y el beicon. Añadir las espinacas y mantener a fuego fuerte durante 3 minutos.

PRESENTACIÓN

Pelar los huevos y disponerlos sobre el salteado de espinacas, piñones y beicon. Servir caliente.

Chuletillas de pavo
al brandy
150

Filetes de pavo
en salsa de mango
152

San jacobo de lomo
al cabrales
154

Flamenquines de jamón
y pimientos
156

Chuletas de cordero
a la miel de romero
158

Hamburguesa de ternera
y frutos secos con alioli
160

Pechugas rellenas
de manzana a la canela
162

Espaldilla en salsa picante
164

Conejo a la plancha
166

Pizza de lacón gratinado
con aceitunas y pimentón
168

10 CARNES

CHULETILLAS DE PAVO AL BRANDY

10 min

4

sí

INGREDIENTES

600 g de chuletillas de pavo
20 g de pasas
1 vaso de *brandy*
1 vaso de nata
1 bote de patatas hervidas
4 chalotas
1 puerro
Harina
Pimienta
Aceite de oliva
Sal

ELABORACIÓN

Sazonar, enharinar y dorar las chuletillas en una sartén con algo de aceite. Retirar y reservar.

En ese mismo aceite, dorar las chalotas y el puerro picados finamente. Incorporar las pasas y mantener unos minutos a fuego medio.

Regar con el *brandy* y dejar reducir.

Añadir la nata y continuar cociendo durante 4 minutos a fuego fuerte.

Por último, agregar las patatas cocidas y las chuletillas, y salpimentar.

PRESENTACIÓN

Servir bien caliente.

FILETES DE PAVO EN SALSA DE MANGO

10 min

4

sí

INGREDIENTES

4 filetes de pavo
150 g de espaguetis negros
2 dientes de ajo
1 vaso de agua
1 vaso de nata
½ mango
½ cebolla
Perejil
Menta
Aceite de oliva
Sal

ELABORACIÓN

Hervir la pasta en un recipiente con agua hirviendo y sal durante 8 minutos. Cuando los espaguetis estén cocidos, escurrirlos y refrescarlos.

Trocear la cebolla y sofreírla en una sartén con aceite.

Sobre la cebolla, dorar el pavo por ambos lados.

Triturar el mango pelado con el agua. Añadir este triturado sobre el pavo, junto con la nata, la sal y el perejil y la menta picados.

Dar un hervor a todo y comprobar el punto de sal.

Por último, sofreír los ajos cortados en láminas y saltearlos con la pasta cocida. Sazonar con sal.

PRESENTACIÓN

Servir el pavo al mango guarnecido con la pasta negra.

SAN JACOBO DE LOMO AL CABRALES

9 min

4

sí

INGREDIENTES

8 filetes de lomo
100 g de pan rallado
50 g de queso cabrales
1 vaso de nata
2 lonchas de queso
2 huevos
Pimienta molida
Aceite de oliva
Sal

ELABORACIÓN

Elaborar los san jacobos colocando una loncha de queso entre dos filetes de lomo.

Pasarlos por huevo, luego por pan rallado y freírlos en aceite caliente hasta dorarlos.

Poner la nata a hervir en un cazo, junto al cabrales y una pizca de sal y pimienta. Retirar del fuego cuando empiece a espesar.

PRESENTACIÓN

Salsear con la salsa al cabrales y servir bien caliente.

FLAMENQUINES DE JAMÓN Y PIMIENTOS

10 min

4

sí

INGREDIENTES

8 filetes de lomo adobado
4 lonchas finas de jamón serrano
4 lonchas de queso
1 pimiento rojo asado
2 tomates
2 huevos
50 g de pan rallado
Orégano
Aceite de oliva
Sal

ELABORACIÓN

Colocar sobre cada filete de lomo una porción de jamón, otra de queso y un par de tiras de pimiento.

Enrollar cada filete, pasarlo por el huevo y el pan rallado, y freírlo en aceite caliente.

Lavar y cortar los tomates en lonchas de medio centímetro.

Dorarlos en una sartén con unas gotas de aceite por ambos lados.

Sazonar los tomates con sal y orégano.

PRESENTACIÓN

Servir los flamenquines acompañados por los tomates.

CHULETAS DE CORDERO A LA MIEL DE ROMERO

10 min

4

sí

INGREDIENTES

12 chuletas de cordero
8 pimientos de piquillo asados
3 cucharadas de miel
1 vaso de jerez dulce
1 rama de tomillo
½ vaso de caldo de ternera
½ limón
Aceite de oliva
Sal

ELABORACIÓN

Triturar el tomillo con el aceite y el zumo de limón.

Pintar las chuletas de cordero con el triturado anterior y dorarlas en una sartén.

En esa misma sartén, añadir la miel, el jerez dulce y el caldo de ternera. Dejar reducir hasta que espese.

Marcar en la plancha los pimientos por ambos lados.

PRESENTACIÓN

Servir las chuletas salseadas con la salsa de miel y acompañar con los pimientos de piquillo.

HAMBURGUESA DE TERNERA Y FRUTOS SECOS CON ALIOLI

10 min

4

sí

INGREDIENTES

600 g de ternera picada
30 g de frutos secos variados
20 g de miga de pan
2 yemas de huevo
2 dientes de ajo
2 cebollas
Vinagre
Harina
Aceite de oliva
Sal

ELABORACIÓN

Mezclar la carne con la miga de pan humedecida, los frutos secos, una yema de huevo y algo de sal.

Trabajar bien la mezcla y formar hamburguesas. Dorarlas en la plancha.

Cortar las cebollas en aros, enharinarlos y freírlos en aceite abundante y muy caliente.

En la jarra batidora, mezclar los ajos con la otra yema de huevo. Triturar y agregar poco a poco aceite hasta que emulsiones la salsa. Sazonar con sal y unas gotas de vinagre.

PRESENTACIÓN

Servir las hamburguesas acompañadas por los aros de cebolla y salsear con el alioli.

PECHUGAS RELLENAS DE MANZANA A LA CANELA

9 min

4

sí

INGREDIENTES

8 pechugas de pollo
2 manzanas
4 zanahorias
4 ciruelas pasas
2 g de canela en polvo
½ vaso de vino blanco
Perejil
Aceite de oliva
Sal

ELABORACIÓN

Extender las pechugas abiertas sobre la mesa de trabajo.

Sobre cada pechuga, disponer una manzana pelada y troceada, las ciruelas pasas también troceadas, algo de sal y una pizca de canela.

Enrollar las pechugas y meterlas en el microondas durante 3 minutos a potencia media, regadas previamente con el vino blanco.

Pelar y cortar finamente las zanahorias; saltearlas en la sartén con aceite y perejil durante 4 minutos.

PRESENTACIÓN

Servir las pechugas loncheadas acompañadas con la zanahoria.

ESPALDILLA EN SALSA PICANTE

10 min

4

sí

INGREDIENTES

8 filetes de espaldilla de ternera
100 g de tomate triturado
8 corazones de alcachofas cocidas
2 dientes de ajo
2 cayenas
½ cebolla
Harina
Pimentón picante
Aceite de oliva
Sal

ELABORACIÓN

Dorar los filetes de espaldilla en una sartén con unas gotas de aceite. Retirar y reservar cuando estén doradas.

En esa misma sartén sofreír los ajos y la cebolla troceados, incorporar las cayenas y mantener durante 2 minutos a fuego medio.

Agregar el pimentón, la harina y el tomate.

Hervir todo durante 4 minutos más a fuego fuerte, sazonar y triturar.

Añadir a la salsa los filetes y las alcachofas y dar un hervor.

PRESENTACIÓN

Servir caliente.

CONEJO A LA PLANCHA

10 min

4

sí

INGREDIENTES

900 g de conejo
400 g de calabaza
200 g de judías verdes
1 rama de romero
2 dientes de ajo
1 cebolla
Aceite de oliva
Sal

ELABORACIÓN

Triturar los ajos y el romero con algo de aceite hasta obtener una salsa muy aromática.

Trocear el conejo en pequeñas porciones, aliñar con la salsa de romero y marcar en la plancha hasta que resulte dorado y tierno.

Pelar la calabaza y trocearla junto con las judías y la cebolla cortadas en pequeños dados.

Saltear en una sartén con aceite la cebolla, las judías y la calabaza hasta que resulten tiernas.

Sazonar la carne y las verduras.

PRESENTACIÓN

Servir el conejo bien caliente junto a las verduras salteadas.

PIZZA DE LACÓN GRATINADO CON ACEITUNAS Y PIMENTÓN

10 min

4

sí

INGREDIENTES

500 g de lacón cocido
50 g de queso rallado
30 g de aceitunas negras sin hueso
2 g de pimentón dulce
2 bases de pizza
Aceite de oliva
Sal gorda

ELABORACIÓN

Extender las bases de pizza sobre la encimera o mesa de trabajo.

Repartir las porciones de lacón por ambas bases de pizzas.

Decorar con las aceitunas troceadas, el queso, el pimentón, un chorrito de aceite de oliva y la sal gorda.

Hornear a 190 °C durante 7 minutos hasta que se funda el queso.

PRESENTACIÓN

Servir muy caliente en porciones troceadas.

Mininapolitanas de chocolate
172

Magdalenas al microondas
174

Espuma de yogur con salsa de kiwi
176

Buñuelos de manzana y plátano
178

Plátanos a la mantequilla
180

Vasito sinfonía de chocolate y frutos secos
182

Flan de queso y miel
184

Crema de café con bizcocho
186

Sopa de almendras
188

Sorbete a dos colores
190

10

POSTRES

MININAPOLITANAS DE CHOCOLATE

10 min

6

sí

INGREDIENTES

200 g de chocolate en crema
20 g de almendra granillo
20 g de piñones
1 plancha de hojaldre
Fideos de chocolate o de colores
1 huevo

ELABORACIÓN

Extender la plancha de hojaldre sobre la mesa de trabajo.

Con ayuda de una manga pastelera, poner, sobre el hojaldre extendido, cilindros de la crema de chocolate con una separación de 3 centímetros. Enrollar el hojaldre sobre cada cilindro de chocolate, aplastar ligeramente y cortar porciones de 3 centímetros.

Pintar con huevo y decorar con las almendras, los piñones y los fideos de chocolate o de colores.

Hornear a 180 ºC durante 8 minutos.

PRESENTACIÓN

Dejar enfriar y servir las mininapolitanas en la merienda o en fiestas. A los niños les encanta.

MAGDALENAS AL MICROONDAS

8 min

4

sí

INGREDIENTES

220 g de harina
150 g de azúcar
100 g de mantequilla
7 g de levadura
½ dl de leche
2 huevos
1 limón
1 naranja

ELABORACIÓN

Templar la mantequilla y triturarla con la batidora junto con el azúcar y la pulpa de la naranja y del limón, además de las ralladuras de ambas.

Agregar los huevos y la leche, y seguir batiendo.

Por último, incorporar la levadura y la harina.

Rellenar las cápsulas o moldes de magdalenas, y meterlas al microondas durante 2 minutos a potencia media.

Dejar enfriar.

PRESENTACIÓN

Servir para el desayuno o merienda.

ESPUMA DE YOGUR CON SALSA DE KIWI

8 min

3/4

no

INGREDIENTES

300 ml de nata
95 g de azúcar
2 cucharadas de miel
4 yogures naturales
2 kiwis
Vainilla en polvo

ELABORACIÓN

Montar la nata bien fría junto con 70 g de azúcar hasta que esté compacta y consistente.

Batir los yogures y unirlos a la nata montada.

Pilar los kiwis y trocearlos. Triturarlos con los 25 g de azúcar restante y con la miel.

PRESENTACIÓN

Servir en vasos, con una base de salsa de kiwi y sobre esta la salsa de yogur. Decorar con la vainilla espolvoreada por encima.

BUÑUELOS DE MANZANA Y PLÁTANO

10 min

3/4

sí

INGREDIENTES

100 g de harina
10 g de levadura
70 ml de agua
2 manzanas
2 plátanos
Canela molida
Aceite de oliva
Sal

ELABORACIÓN

Trocear las frutas, peladas previamente, en dados medianos.

Poner en un bol la levadura, un chorro de aceite, la canela, la sal y el agua.

Batir todo hasta que los ingredientes estén bien mezclados.

Incorporar poco a poco la harina hasta conseguir una mezcla con la densidad similar a la de la salsa besamel.

Impregnar las frutas en esta mezcla y freír en aceite muy caliente

PRESENTACIÓN

Servir los buñuelos templados, espolvoreando canela por encima.

PLÁTANOS A LA MANTEQUILLA

6 min

4

sí

INGREDIENTES

40 g de mantequilla
40 g de azúcar moreno
20 g de uvas pasas
2 g de anís en grano
4 plátanos
1 rama de canela

ELABORACIÓN

Cortar un trozo de papel de horno o sulfurizado sobre el que extenderemos la mantequilla.

Pelar los plátanos, cortarlos en dos mitades a lo largo y colocarlos sobre la mantequilla.

Espolvorear sobre los plátanos el azúcar moreno, añadir el anís en grano, las pasas y la rama de canela entera.

Cerrar perfectamente el papel a modo de sobre o papillote.

Meter en el microondas durante 2 minutos a potencia media.

PRESENTACIÓN

Servir templado.

VASITO SINFONÍA DE CHOCOLATE Y FRUTOS SECOS

8 min

4

sí

INGREDIENTES

200 g de chocolate negro
100 g de crema de queso tipo Philadelphia
10 g de piñones
10 g de nueces peladas
10 g de avellanas peladas
1 vaso de nata

ELABORACIÓN

Fundir el chocolate, previamente troceado al baño María hasta obtener una salsa de chocolate.

Agregar la nata y los frutos secos, y continuar templando al baño María hasta obtener una crema de chocolate.

PRESENTACIÓN

Colocar en un vaso una capa de chocolate, luego disponer la crema de queso y por encima otra capa de chocolate.

Dejar enfriar y servir como postre. Es excelente para ocasiones especiales.

FLAN DE QUESO Y MIEL

9 min

3

sí

INGREDIENTES

200 g de queso fresco
100 g de azúcar
100 ml de leche
2 cucharadas de miel
5 huevos
Vainilla en polvo

ELABORACIÓN

Cascar los huevos y batirlos junto al queso cortado en dados.

Incorporar la vainilla, la miel y el azúcar.

Añadir la leche y continuar batiendo hasta obtener una salsa homogénea.

Rellenar moldes individuales con la salsa anterior.

Cuajar en el microondas a potencia media durante 3 o 4 minutos.

PRESENTACIÓN

Dejar enfriar y servir los flanes desmoldándolos.

CREMA DE CAFÉ CON BIZCOCHO

10 min

3

sí

INGREDIENTES

200 g de queso cremoso
100 g de azúcar
8 bizcochos de soletilla
2 vasos de café
½ vaso de nata líquida
1 rama de vainilla

ELABORACIÓN

Hervir el café con la vainilla y el azúcar a fuego fuerte hasta que espese.

Batir el queso cremoso en un bol con la nata.

Enfriar el almíbar de café y mezclar con el queso y la nata.

PRESENTACIÓN

Colocar en copas o platos de postre el bizcocho y sobre él, la crema de café. Servir frío.

SOPA DE ALMENDRAS

9 min

3/4

sí

INGREDIENTES

200 g de pasta de almendra
100 g de miga de pan
100 g de azúcar
¾ l de leche
1 rama de canela
Canela en polvo

ELABORACIÓN

Hervir la leche con la rama de canela y el azúcar.

Agregar la pasta de almendra y la miga de pan.

Dar un último hervor a fuego lento hasta que la pasta de almendra se deshaga.

PRESENTACIÓN

Servir caliente en cazuelas de barro o similares, y decorar con la canela en polvo.

SORBETE A DOS COLORES

5 min (más la congelación)

3

no

INGREDIENTES

400 g de fresones
130 g de azúcar
1 vaso de zumo de piña
1 vaso de zumo de naranja
1 mango

ELABORACIÓN

Pelar y trocear el mango en dados pequeños y congelarlo.

Lavar los fresones, retirar las hojas y congelarlos.

Una vez congeladas ambas frutas, triturarlas por separado, el mango junto con el zumo de piña, y los fresones con el zumo de naranja. En cada triturado añadir 65 g de azúcar.

PRESENTACIÓN

Rellenar una copa a dos capas: una amarilla y otra roja.

Servir inmediatamente tras su elaboración.

CONSEJOS Y TRUCOS

10

195 **DESPENSA IMPRESCINDIBLE**
Conservas y semiconservas
Conservas en tarros de vidrio
Conservas en brick
Pasta, arroz y legumbres
Aceites y vinagres
Hierbas aromáticas y especias
Ajos y cítricos congelados

202 **CONGELAR Y DESCONGELAR**
¿Cómo saber si un congelado ha sufrido la rotura de la cadena de frío?
¿Cuál es la mejor manera de descongelar en casa?
¿Se pueden congelar las legumbres hidratadas sin cocinar?
¿Debe descongelarse cada cierto tiempo el congelador?

205 **PEQUEÑAS IDEAS MUY PRÁCTICAS**
Limpieza de los recipientes de plástico
Transporte de alimentos
Guardar elaboraciones cocidas en el frigorífico
Reciclar el pan rallado o la harina

207 **NO PERDER LOS PAPELES**
Papel film
Papel aluminio
Papel de horno
Bolsas de congelación

Para conseguir platos en 10 minutos necesitamos, sin duda, un fondo de despensa que nos surta de un remanente de alimentos que nos permita realizar elaboraciones rápidas, fáciles y económicas.

Por este motivo es interesante hacer un repaso por aquellos productos que debemos tener en casa y que hay que saber usar, conservar, almacenar y manipular.

DESPENSA IMPRESCINDIBLE

CONSERVAS Y SEMICONSERVAS

La diferencia entre las conservas y las semiconservas es que la primera contiene un alimento que ha pasado por esterilización y está herméticamente cerrado, mientras que la semiconserva no pasa por el proceso de la esterilización sino que se encuentra en un medio que estabiliza el producto durante un tiempo determinado.

Tener una buena combinación de conservas es esencial para ayudarnos a solucionar la elaboración de diferentes platos. Los grupos básicos que nunca deberían faltar en casa son las verduras, las legumbres frescas, los pescados y mariscos y las salsas.

Verduras y legumbres

Es conveniente tener entre estos alimentos champiñones, judías verdes, guisantes o habas.

Pescados y mariscos

Es útil tener mejillones, almejas, navajas o berberechos en diferentes salsas o salmueras.

Salsas

Entre ellas, la de tomate, la de marisco o la de finas hierbas nos sacarán de un apuro en más de una ocasión.

Respecto al gran grupo de las conservas hay que tener en cuenta que estas también caducan, por lo que a la hora de comprarlas deberemos fijarnos en la fecha de caducidad y no adquirir o consumir aquellas que estén abombadas o sin etiquetar.

Una vez abiertas no deberán meterse en la nevera directamente, sino que el resto de su contenido tiene que guardarse en un recipiente inalterable, como plástico, cristal, etc., y siempre tapado con la propia tapa o papel film.

CONSERVAS EN TARROS DE VIDRIO

Dentro de este tipo de conservas es recomendable tener, entre las legumbres frescas, soja y judías verdes, y entre las legumbres secas, garbanzos, judías blancas o lentejas.

Acelgas, espinacas, zanahorias y patatas serían las conservas de verduras que más nos ayudarán la cocina, y entre las salsas, aparte de la de tomate, fundamental siempre, la de mahonesa o la de alioli nos prestarán un gran apoyo.

Por su parte, entre los alimentos cocinados, los pescados en escabeche, las carnes adobadas o los huevos de codorniz cocidos son una buena opción para tener en nuestra despensa.

A la hora de su manipulación, y como ya hemos dicho anteriormente, has de prestar atención cuidado con la fecha de caducidad: las conservas no son eternas.

Una vez abiertas deben guardarse en la nevera como máximos tres días y no debes olvidar que es conveniente el lavado de las legumbres antes de ser usadas.

No te hagas daño al abrirlos ni provoques un accidente; existen utensilios que nos ayudan a sacar el aire —hacer el vacío— y así se abrirán sin ningún esfuerzo.

CONSERVAS EN BRICK

Otro gran sistema de conserva son los brick; prácticos y útiles, y entre los que sería aconsejable tener los de caldo de ave, verdura y pescado.

Salsas que vienen en este formato son las de besamel o la provenzal.

Por su parte, lácteos como la leche y la nata o huevo pasteurizado como la clara de huevo también los encontramos en este tipo de conservas.

Es importante recordar, que al igual que las otras conservas, no debemos mantenerlas guardadas en el frigorífico durante más de tres días, por seguridad e higiene, y que lo ideal es pasar el contenido sobrante a un recipiente inalterable tapado.

PASTA, ARROZ Y LEGUMBRES

Un grupo muy importante y casi indispensable en cualquier despensa son las pastas, los arroces y las legumbres. Su conservación ideal se realiza en frascos o tarros herméticos.

Un truco para mantener alejados a posibles insectos o intrusos que pretendan instalarse junto a nuestros alimentos consiste en meter en el interior de dichos recipientes un diente de ajo.

ACEITES Y VINAGRES

Respecto a los aceites y los vinagres es aconsejable tener una buena variedad de sabores y aromas. Aceites vírgenes de las diferentes variedades de aceituna —picual, arbequina, hojiblanca, etc.— para jugar y combinar con los alimentos y vinagres aromatizados al estragón, al ajo o a los frutos rojos.

Un truco para tener nuestras propias vinagretas personalizadas preparadas con antelación es combinar aceite, vinagre, sal, azúcar y nuestro sabor y aroma preferido en un biberón y conservarlas en el frigorífico. Tan solo hay que agitarlas antes de usar y estarán listas para salsear nuestro alimento.

Recuerda una vez más, que aunque el aceite y el vinagre son conservantes, también poseen una fecha de caducidad.

HIERBAS AROMÁTICAS Y ESPECIAS

Tener un buen surtido de ambas, partiendo de un mínimo de pimientas, nuez moscada, pimentón, comino, perejil, orégano y tomillo, nos garantizará un toque ideal de sabor.

Aunque la fecha de caducidad de estos alimentos es más duradera que la de otros productos, también perderán aroma con el paso del tiempo. Por ello son convenientes envases pequeños y cambiarlas al menos una vez cada año y medio o preferiblemente cada año.

Un truco para mantenerlas frescas consiste en comprar especias enteras, como la pimienta o la nuez moscada, y rallarlas en el momento, aportando así más aroma y sabor.

AJOS Y CÍTRICOS CONGELADOS

Ganaremos tiempo si pelamos y troceamos el ajo y lo congelamos con antelación. Cuando elaboremos un guiso tan solo tendremos que añadir una pequeña porción en la sartén del producto congelado.

Seguramente, al cabo del año hacemos más de un zumo de naranja o de limón. Antes de exprimir la fruta, ralla y congela dicha ralladura. Así, a la hora de hacer magdalenas, por ejemplo, siempre tendrás a punto el aroma a cítrico.

CONGELAR Y DESCONGELAR

¿Cómo saber si un congelado ha sufrido la rotura de la cadena de frío?

Cuando abrimos un producto congelado y este presenta una ligera capa de hielo homogéneo en su contorno y el alimento se puede separar bien, es señal de que su congelación ha sido correcta. En cambio, cuando el producto aparece pegado entre sí con una gruesa capa de hielo o con exceso de escarcha, nos indica que la cadena de frío ha sido rota en algún momento.

¿Cuál es la mejor manera de descongelar en casa?

Para descongelar correctamente el producto hay que pasar en primer lugar el alimento del congelador al frigorífico, y así este no sufre bruscos cambios de temperatura. Esto es válido para todos los alimentos —pescados, carnes, etc.—, salvo para las verduras, que se pueden cocinar sin ser descongeladas.

Hay que evitar que el producto gotee en este proceso; por eso es conveniente usar un plato hondo y sería ideal emplear una rejilla que separe el alimento del agua que libera en la descongelación.

¿Se pueden congelar las legumbres hidratadas sin cocinar?

Si en alguna ocasión pones en remojo más legumbres de las que luego quieres cocinar, no las tires. Escúrrelas, ponlas en una bolsa de congelación y luego métalas en el congelador. Así podrás emplearlas en guisos directamente, ahorrando el tiempo de remojo.

¿Debe descongelarse cada cierto tiempo el congelador?

El congelador es el electrodoméstico que mantiene los alimentos en perfecto estado durante más tiempo a 20 grados bajo cero. Para mantener en buen estado el congelador es conveniente vaciarlo, descongelarlo y limpiarlo por completo —de la misma forma que hacemos con el frigorífico— al menos una vez al año, aunque lo ideal es hacerlo cada seis meses.

No debes olvidar que el congelador no es un «cuarto trastero», y que los alimentos que allí se guardan hay que renovarlos continuamente. Estos tienen que llevar una etiqueta con su fecha de congelación y el nombre del producto, porque en ocasiones resulta muy difícil su identificación una vez que los alimentos ya están congelados.

PEQUEÑAS IDEAS MUY PRÁCTICAS

LIMPIEZA DE LOS RECIPIENTES DE PLÁSTICO

Los recipientes de plástico son perfectos para conservar tanto alimentos crudos como cocinados. También son magníficos para el transporte de determinadas elaboraciones, pero en algunas ocasiones dichos recipientes cogen olores y colores difíciles de quitar.

Para tenerlos siempre impecables hay que dejarlos en agua y lejía durante unos minutos, luego enjabonarlos y aclarar. La lejía desinfecta y no deja ni rastro de olor ni altera el color del envase.

Una vez limpios, hay que dejarlos secar al sol. De esta forma se eliminan las manchas que el plástico puede tomar.

TRANSPORTE DE ALIMENTOS

Para evitar posibles intoxicaciones es importante saber cómo transportar correctamente los alimentos desde la casa hasta, por ejemplo, el trabajo, el campo o la piscina. Hay que tener especial cuidado con ciertas elaboraciones, ya que es más fácil sufrir algún percance alimenticio. Por ello es preferible no llevar preparados hechos con huevo, como tortillas o revueltos, tampoco mahonesas o elaboraciones en crudo, como el *steak tartare*, o cremas, natas, etc.

GUARDAR ELABORACIONES COCIDAS EN EL FRIGORÍFICO

Una vez cocinados los alimentos debemos enfriarlos lo más rápido posible e introducirlos envasados en la nevera de manera correcta. No se debe dejar enfriar a temperatura ambiente. Lo más correcto es sumergir el recipiente donde se va a conservar en agua fría con hielo. Luego se tapa y ya sí se puede refrigerar en la nevera durante un máximo de tres días, tiempo recomendado para mantener alimentos cocinados.

RECICLAR EL PAN RALLADO O LA HARINA

Muchas veces, a la hora de empanar un alimento, nos sobra pan rallado o harina que inevitablemente termina en la basura. Lo ideal sería utilizar la cantidad justa, no obstante, como calcular esto es difícil, lo que nos ha sobrado se puede aprovechar para próximas ocasiones tamizando los restos de pescado, carne o huevo que quedan en la harina o en el pan rallado. Una vez colado, se conserva en un recipiente de cristal o plástico tapado con papel film.

NO PERDER LOS PAPELES

Es importante saber utilizar los diferentes tipos de papeles que existen en el mercado y que son de gran utilidad en la cocina.

PAPEL FILM

Este tipo de papel es ideal para tapar alimentos y así poderlos conservar perfectamente en el frigorífico o en el congelador. También se utiliza para cocinar productos en el microondas. Es un papel bastante económico.

PAPEL ALUMINIO

Uno de los más veteranos en la cocina. Es perfecto para envolver y conservar en la nevera alimentos crudos y cocinados, así como para transportar determinadas elaboraciones.

PAPEL DE HORNO

También conocido con el nombre de papel antigrasa o papel sulfurizado. Este tipo de papel es excelente para hornear y evitar que se adhieran los alimentos durante el horneado. Muy práctico para la congelación de productos.

BOLSAS DE CONGELACIÓN

Se pueden encontrar en el mercado en cajas con una gran variedad y surtido en cuanto a tamaño, pudiendo seleccionar el que mejor se ajuste a nuestra necesidad. Suelen traer unas bridas para poder sellar correctamente las bolsas.

ÍNDICE ALFABÉTICO DE RECETAS

20 Ajoblanco con uvas
76 Arroz salteado en pepitoria
80 Arroz salvaje con frutos secos al oporto
116 Atún en escabeche con vinagreta
108 Bacalao al ajoarriero
84 Brotes de soja salteados con pollo
178 Buñuelos de manzana y plátano
158 Chuletas de cordero a la miel de romero
150 Chuletillas de pavo al brandy
48 Cogollitos con salsa de pimiento morrón
166 Conejo a la plancha
186 Crema de café con bizcocho
28 Crema de champiñón y perejil
32 Crema de espinacas y queso manchego
36 Crema fría de tomate y albahaca
78 Empanadillas de arroz con pavo
46 Endibias al cabrales con miel
52 Ensalada de apio y manzana
54 Ensalada de atún con pimientos al ajillo
50 Ensalada de canónigos y vinagreta de frambuesa
102 Ensalada de garbanzos y bacalao ahumado
44 Ensalada de pasta fresca con langostinos
40 Ensalada de tres quesos al romero
42 Ensalada templada de ave, piña y salsa rosa
68 Espaguetis del hortelano
164 Espaldilla en salsa picante
176 Espuma de yogur con salsa de kiwi
70 Fideos de arroz con salsa de soja
152 Filetes de pavo en salsa de mango
156 Flamenquines de jamón y pimientos
184 Flan de queso y miel
22 Gazpacho verde de cilantro y perejil
90 Guisantes al ajillo con ibéricos

86 Guiso de garbanzos con pulpo
88 Habas al vino blanco
160 Hamburguesa de ternera y frutos secos con alioli
142 Huevos empanados al tomillo
134 Huevos escalfados al cabrales
138 Huevos fritos sobre espárragos a la plancha
146 Huevos *mollets* con espinacas y piñones
96 Judías blancas con almejas
94 Judías rojas con repollo
92 Lentejas exprés a la lionesa
74 Macarrones con berenjenas y parmesano
174 Magdalenas al microondas
118 Matrimonios en tostas con salmorejo
58 Melocotones rellenos al atún
172 Mininapolitanas de chocolate
66 Nidos a la crema de queso
72 Ñoquis al ajillo con jamón
144 Pastel de zanahoria con mahonesa de frutos secos
162 Pechugas rellenas de manzana a la canela
100 Pintas con oreja
98 Piquillos rellenos con crema de garbanzos
168 Pizza de lacón gratinado con aceitunas y pimentón
180 Plátanos a la mantequilla
64 Raviolis rellenos de jamón y queso con salsa de pimientos
128 Revuelto de ajetes y gambas cremoso
136 Revuelto de setas y alcachofas
110 Salmón a la lima y al limón
154 San jacobo de lomo al cabrales
122 Sardinillas a la sal con romero
120 Sepia al ajo con mahonesa de manzana
188 Sopa de almendras
24 Sopa de calabaza al tomillo
30 Sopa de chipirones y gambones
18 Sopa fría de melón y menta
26 Sopa juliana con gambas
190 Sorbete a dos colores
34 Suave de patata confitada con pulpo
62 Tallarines *frutti di mare*

124 Tempura de cazón con calabacín salteado
114 Tiras de palometa maceradas
56 Tomates raf con paté de aceitunas
112 Tomates rellenos de bacalao y pimientos
132 Tortilla a las finas hierbas
140 Tortilla de espinacas y requesón
130 Tortilla ovalada a los tres quesos
106 Trucha rellena de cecina
182 Vasito sinfonía de chocolate y frutos secos

10

OTROS TÍTULOS

SABER COCINAR
Recetas y trucos
de *La mañana de La 1*

SABER COCINAR
En días de fiesta

SABER COCINAR
Postres